JN409215

사연을 안고 온 바람이여

임해란 시집

임해란 시집

사연을 안고 온 바람이여

초판인쇄일 2015년 6월 10일
초판발행일 2015년 6월 15일

지은이 : 임해란
펴낸이 : 양상구
펴낸곳 : 도서출판 채운재
디자인 : 김초롱
주 소 : 100-861 서울시 중구 삼일대로6길 13
서울빌딩 202호
전 화 : 02) 704-3301, 010-5466-3911
팩 스 : 02) 2268-3910
이메일 : ysg8527@naver.com
정 가 : 10,000원

※ 잘못된 책은 교환해 드립니다.
※ 책값은 뒤표지에 있습니다

채운재 시선 57

사연을 안고 온 바람이여

임해란 시집

도서출판 채운재

자 서

빗방울 뚝뚝 떨어지는 예쁜 사계절 꽃 추억담은 어린 시절 앨범 들여다보며 긴 방랑 끝에 그림자 하나 흔적처럼 따라나섭니다. 몸과 마음은 조각배 가득 메워 별의 노래 띄워 날려보며 모진 상념은 쪽빛 사랑 무르익어봅니다. 많은 세월의 불장난 속에 그림자처럼 오가다 만난 우리들의 삶 이야기를 긴 끈 하나 그 무엇인 양 잡아 당겨봅니다.

저를 지금껏 아껴주시고 사랑해 주신 모든 분께 늘 푸른 마음을 담아 삶의 기쁨으로 읽어 주시기를 바랍니다. 인생 살다보면 마음이 공허하거나 힘이 들 때가 많습니다. 이때 편안하게 기대고 싶은 큰 기둥이 있었으면 하실 때가 있습니다. 저의 삶과 진정한 마음이 담긴 제2시집을 통해 평안한 안식처로 남아 늘 따뜻한 사랑 드리고자 합니다.

지금까지 함께 해주신 회원님들 고맙습니다.

항상 건강하시고 행복한 하루 되세요. 앞으로 제3시집을 발간할 때까지 감사인사 올립니다.

지금껏 제 시집을 편집해 주시고 정성껏 만들어 주신 양상구 선생님 너무 감사합니다.

차 례

1부 가난한 시인의 노래

차 례

2부 3월의 꽃말

차 례

3부 분꽃의 흔적

차 례

4부 별 많은 내 운명 론

차 례

5부 추억 만들기

1부
가난한 시인의 노래

가난한 시인의 노래

가슴이 시키는 대로 하자
인생 살면 얼마나 산다고

별 하나 주어진 길을 걷자
오늘이 가면 내일이 오듯이

저 어둠도 세월 속에 묻자
저 햇살 오늘의 그림자 몰고 가듯이

별 하나 주어진 길 걷자
내일이 오면 미래의 꿈도 오듯이

과거는 영시의 시간 이였다고
오늘은 백만 불 공간 이였다고

어둠이 마냥 슬픈 건 아니라고
저 밤하늘의 고요 편안을 준다오

12월의 마지막 사랑

너와 나 함께 꿈꾸고 걸어온
아름답고 촉촉한 생

너와 나 굿모닝 커피 한잔에
사랑이 넘치는 우리였지만
운명적인 또 다른 만남 앞에
잊혀진 과거로 흐르고 있다

오늘과 내일이 있는 새로운 삶
지난 세월의 성숙되어
내일을 향해 뛰어야 한다

너와 나 만남과 이별 앞에 또 하루가 온다
또 다른 새 달력 앞에 이름 석자 적어 본다

또 다른 운명 앞에 날 맡기자

분노

금빛 햇살 속에 나래 꽃 피우며
임의 모습 그려보는 눈동자
아득한 긴 세월과 풍파 속에
난 돌덩이 된 가슴 부여잡는다

빨 주 노 초 아스팔트 위에 깔리는
밤안개 분노의 주마등 불빛
저 가로수 수심 앞에 서면
난 돌덩이 되어 가슴이 아프다

예쁜 추억 속에 붉게 그을린 흔적
나뭇가지 끝에 매달린 마음 안고
불 꺼진 길목 무심히 바라보며
잊쳐지지 않는 임 가슴에 묻는다

그날

사랑해 왔던 그날 옛 생각 정겹고
철없던 그 시절 벚꽃처럼 아름다워라

영상으로 떠올라 돌이켜보니 눈가에 이슬 맺히고
비바람 맞으며 긴 한숨 토해낸다

저녁 밤바다 청춘 열차 옛 모습이 정겹고
깊은 밤 향연 이젠 그리워지는 구나

농부의 밥상

온 사계 공들어 놓은 금빛 바다
가을 그리움에 온 대지 풍요가 있고
농부들의 익숙한 손끝에 너울이 일렁인다

꽹과리 울려 퍼지는 한 가락 노래와 춤이
농부의 피와 살이 맺힌 정성을 매달고
시련의 땀방울 알알이 윤기 찬란한 보양식

무지갯빛 고운 빛과 덕 한가득 풍요가
미래의 기쁨 고마운 웃음을 안겨주고
열손 마디의 설움 황금빛 저녁놀 무룩 익는다.

불경기 상황

요즘 들어 경기가 너무 안 좋은가 봅니다
돈 욕심 버리고 열심히 사는 방법밖에 없어요

정답이 영 없는 건 아니예요
앞으로 물가는 더 폭등 하고
마음만 앞서고 있으니

무슨 일을 해도 생활은 윤택해지지 않고
평범하게 산다는 것이 이렇게 힘든 건지 몰랐어요

서로 마음과 기도 문 열고 삽시다
다시 아나바다 운동하며 돌보면서 삽시다

고독

이슬방울도 아닌 것이
내 옷깃에 스며든다

별 한 점도 아닌 것이
내 감상 속에 스며든다

미세한 풀꽃도 아닌 것이
내 그리움 속에 스며든다

마음 한 자락도 아닌 것이
내 얼룩진 발길 앞에 속삭인다

저 한 점 부끄럼도 없는 것이
내 가슴속에 별이 된다

눈물

어두운 밤 바람을 안고
빨 주 노 초 가로수 등불을 본다.

우수에 젖는 밤하늘 별
내 마음에 별 하나 안아본다

오늘밤도 우울한 상념만 남고
옥 구슬이 떨어진다.

내 금 보라 빛 사랑 하나
내일 밤도 홀로서기로 남겠지

돌고 도는 세상

계절은 돌고 돌아
내 꿈도 몰고 간다

지구도 돌고 돌아
내 욕심도 몰고 간다

남녀 사랑 방식도 돌고 돌아
가슴속 가로등 불빛 사연도 몰고 간다

무겁고 짐 된 발자취 돌고 돌아
밤하늘 그림자도 몰고 간다

창가에 쏟는 밤 역사 돌고 돌아
메아리 되어 별빛 창도 몰고 간다

별 하나의 사랑도 돌고 돌아
내 가슴 옛 사연도 몰고 간다

한 많은 희망 끈 하나 돌고 돌아
내 삶 청춘으로 놀고 간다.

십자가

한 많은 수심 속에 내 마음 보노라
저 차가운 빗물도 아닌 것이
저 따뜻한 생명체도 아닌 것이
늘 기쁨을 담고 행복한 나래로 불꽃 쏟노라

한 많은 영화 속에 내 삶 자락 보노라
저 파도의 물결도 아닌 것이
저 구슬 숨결도 아닌 것이
늘 근심을 담고 이별 문 오가며 불꽃 쏟노라

한 많은 그리움 속에 내 사랑 울어 보노라
저 고독한 낙엽도 아닌 것이
저 향긋한 장미꽃도 아닌 것이
늘 영혼을 담고 보석 상자처럼 불꽃 쏟노라

서시

흰 나래 한 많은 곡조의 설경 앞에
싱그러운 파도 같이 마디마디 맺힌
저녁 하늘이구나.

그리움 비단으로 엮은 사랑 노래
그대 떠난 빈자리 정적만 흐르고
오늘도 그대 생각에 머문다.

아름다운 새하얀 눈꽃 속에 오가며
손수건 들어다보는 애처로운 마음
천 년의 꿈 소망한다.

중년

한날 젊은 날의 긴 꿈도
가을 잿빛에 다 아사가 버리고
지난날의 불 장난도 고독한 긴 사랑도
낙화암 사슬 안에 깊은 웅덩이만 남았구나

품사의 먼 세월 그 화려했던 청춘도
저녁놀 속에 불혹의 중반 뒷모습
바람에 흔들리며 가을 끝 하늘 아래에
오늘도 고독한 가슴 부여잡고 눈물만 흐느낀다

나팔꽃 담벼락

높고 높은 담벼락 창틀 끝에
가야고로 핀 노란 햇살
깊은 심지 많은 가지 끝에
푸른 잎새 보듬어 나팔 거린다

그리움을 안고 들어간
뜨거운 햇볕 벌들의 놀이터
천상의 벽 담벼락 언덕에
한 점 부끄럼 없이 서 있다

뿌리 깊은 사연하나 남기며
붉은 저녁 물결 너머로
향기로운 사랑 연가 부르며
임을 위해 소망 꽃 핀다

천생연분

반쪽 익은 가슴 중요한 것을 깨달았어요
미친 듯한 그 사람을 받아 주면서
내 몸속에서 풀 한 포기 같은 싹 키웠어요

자연에서 모심을 배우고
인생에서 사람의 향기를 배우고
나 자신한테 자유를 배웠습니다

하늘과 바람과 별 꽃구름도 다 그 자리
가끔은 내 얼룩진 현실 생각해 봅니다
울상인 얼굴 다 벗어 던져봅니다

설래였던 첫 순정 앞에
잊쳐진 그 미소와 얼굴과 표정들
새큼 상큼 환하게 미소 띄워봅니다

사람의 만남은 가슴 설래여서 좋고
그 중에 제일 아름다운 사람은
향기를 전하고 간 사람 이랍니다

0번의 사랑

이 모든 일이 한순간 일이라
생각하지 마세요
흔들리지 않고 피는 꽃이 어디 있나요

찬바람 깊은 또 다른 세계관
서쪽 하늘 보일 수도 있어요
더 안 좋은 쪽 방황 길 빠질 수도 있어요

인생은 항상 갈대 숲 처럼 찬 빗물
높은 산 꼴짝 지나 빈자리 아닐까 해요
넘 아픔 많은 사연 갖지 마세요

인생 괴로움으로 승부 걸지 마세요
한번 왔다가 세상 가는 길
방향 전환 잘 선택하다가 가세요

학

이 몸이 죽어서 다시 태어난다면
그 무엇이 될까

난 학이 될 거에요
학은 천 년을 살아도
마음이 변하지 않는 다 하지요

저 불심 앞에 사계절이 지나가고
강은 흘러가고 산 넘는 아쉬움 저편으로
이 몸 둥 하나 인생의 한계 느껴 봅니다.

아름다운 이별

물도 아닌 것이 불도 아닌 것이
그냥 흐르는 대로 가지 마세요
그 길 선비의 마음 다짐처럼 가세요

유에서 무 만들지 마세요
우리가 살면 얼마나 산다고
지상천 길 벌써 보려 하지는 마세요

생의 마지막 승부 고생 끝에
굳고 좋은 결실 꼭 있을 거예요
모든 허물 다 감싸안고
혼자서 마음 아파 울지 마세요

그대 머문 그 자리 모진 비바람과
모진 눈보라가 폭풍처럼 밀려와도
생의 그 마지막 결실 온 마무리
아름답게 잘하다 가십시오

홀로 아리랑

인생살이 한 살 더 먹을수록 지치고 힘들어요
외롭고 슬프고 내 사람 의지하고 싶어져요
이성적으로 또 다른 남자
다시 보여지는 게 넘 무서워요
내 사람 짠하고 갑자기 나타나
청혼이라도 했으면 정말 좋겠어요
삶이란 한순간이다 생각이 들어요
내 목숨이 하나이듯 내 사랑도 하나이듯
모든 생사의 존재 영원하지 않아요
오 그대여 지난 추억들 감싸 안아 보아요
그대 가슴이 와다요
자꾸 안 그래야지 하면서 내 인생이 서러워요
붉게 탄 장미 한 송이 머리에 꽂고
외로움 넘나든 저 창가 앞에
그대 먼 산등성만 바라다보아요

고향의 봄

창 넘은 햇살 꽃 피고 피어
봄 사랑도 오고 가니
내 시린 마음 새싹 꽃 피워 봅니다

미풍에 흐느끼는 갈대 솔바람도
슬픈 마음 해소하다
바람 먹구름 휘어잡으며
초심의 비 바람에 적셔 봅니다

문간에 선 마음 한 자락 그리움 열고
봄 향연 영시의 이별로 오 가고
눈물만은 호숫가 사연 또 다른 사랑 갈구하며
뱃노래 불러 이별의 먹구름 보냅니다

2부
3월의 꽃말

길

가슴이 시키는 대로 하자
생각이 깊어서 슬픈 로댕 처럼
발길 머문 영창 길
주마등 빛이 있는 곳이라면
어디든 가자

눈은 새 생명으로 잉태하여
황금보다 값지고
가슴은 죽이고
손은 뻗고 발은 뛰자

심장 불타는 뜨거움에
저 주마등 빛이 있는 곳이라면
목적달성 아니라도 좋다

기쁨이 있는 곳에 행복이 있고
길이 있는 곳에 희망이 있고
또 다른 사랑 앞에 고개를 숙이자
아직은 늦지 않았다고
주저하면서 난 걷고 또 생각한다

삶은 아직 끝나지 않았다고
저 작은 소망들은 말해 주듯
심장 터지는 각박한 삶 자락
또 다른 시선 앞에 길은 보인다

갯바위

사랑의 발자국 너무나 아름다워라
남몰래 기대어 온 긴 시간 속에
하늘 눈물 맺힌 그 사람

고독의 무심 너무도 그리움이어라
너와 내가 처음 만난 꿈에 탄 기차
사랑이 묻힌 그곳 임 따라가고 파

사랑이란 이름 앞에 눈물 젖은 강이어라
넓고 좁은 이 세상 한 많은 고통 속에
난 당신과 끊임없는 동행 길 살다 가고 파

한 겨울 녘 고개를 쳐들면서 욕망을 보리라
눈물 꽃 맺힌 별님 달님 시련의 아픔 등에 지고
이 넓은 들판 끊임없이 당신과 살다 가고파

3월의 꽃말

대지의 정열 속에 불같은 이슬
하늘 높이 날아오르고 있어요

생사 그 누구도 오갈 수 없는
고독한 빛 반사 속에서
밤이 깊어 가고 있어요

옛 사랑의 노랫말 알알이 맺힌 탑
저 무등산 봉우리 솟아
날아오르고 있어요

별 달 이슬방울 떨림에
밤하늘 뿌리 깊은 그리움
천상의 꽃봉오리 피고 있어요

상상의 나래 꽃 휘저으며
아쉬움 가득한 삶 꿈 하나 나래 피고
모정 속에 감사의 꽃봉오리 웃고 있어요

그 자리

모든 게 항상 그 자리였습니다

대문밖에 서 있는 팽나무도
눈앞에 보이는 기와집도
아침 이슬 묻혀 핀 나팔꽃도 그 자리였습니다

눈서리 오고 간 세월 속 불장난도
눈앞에 있는 사물도 그 자리
인생은 참 고독한 나날 이었습니다

이별 앞에 내가 웃을 수 있는 건
그대가 선물한 사랑의 흔적이
항상 그 자리 추억 때문입니다

푸른 하늘

따스한 봄 여린 꽃이 핀다
새싹이 푸른 산을 이루고
사랑이 온다
행복이 온다
이슬비가 내린다

아침 바다 하얀 포말로 달려온다
여름날은 늘 푸른 하늘
꿈 하나 소망 하나 일렁이며
불같은 태양 뜨거움 토해낸다

청명한 하늘 붉은 산 색동옷을 입었다
가을날은 늘 푸른 하늘
타고 또 타고 햇살이 춤춘다
붉은 청춘 웃는다

하얀 눈물 떨어진다
겨울날은 늘 푸른 하늘
사랑이 깊다
가슴이 아프다
인생의 이슬비가 내린다

망월동

내 안의 섬진강 하나
오늘도 흐르지 못해
빗물처럼 고인다

사랑의 종말
이별의 눈물 안고
밤거리 서성이는 화등꽃 한

망월동 영락 공원 앞
섬진강 강줄기는
핏물처럼 국화꽃이 핀다

자장가 침묵의 아침
대한의 만세 창 열린
아들딸 청년의 울분 소리

가슴엔 서글픈 마음만 남고
하늘과 땅 돌무덤 덮인
정열의 꽃 혈의 종소리

망월동 묻힌 망자의 혼이
침묵의 탑 높이 쌓고
애국의 한 외치리

빈 의자

인간사 사랑 하나 빼면
우정 깊은 연민 하나 남을까

삶이란 허허벌판
텅 빈 마음 한 자락이었나

남녀 간 정이란 먼 길 떠난
님의 침묵 이러나

먼 산 들여다 본 벤치 앞엔
한 맺힌 옛사랑 노래만 오가고

꿈 많은 젊은 패기의 청춘
저 먼 하늘 속에 흘러나 보나

잎새 가득 스치는
솔진 비바람아 멈추어다오

오늘도 떠나간 님 보고파
그리워 기도 하며 서러움 달래고

한 치 뒤안길 바라다보는 삶
숲 진 아련한 꿈 길 그린다

돈 도박

돈으로 살 수 있는 게 넘 많은데
현실은 남녀 간 사랑까지 산다

돈으로 얻어지는 게 넘 많은데
현실은 혈육 간 숨통까지 쥐어짠다

돈으로 살 수 있는 게 넘 많은데
현실은 돈 낳고 정치 나라까지 흔든다

돈으로 얻어지는 게 넘 많은데
현실은 돈 낳고 이웃 간 죽음을 준다

종이 한 장에 불과한 돈
눈물만 주르륵 주르륵

출세의 문

배움은 끝도 없고
시작은 반이다

모든 열심히 하자
자존감은 삶의 희망이다

이별은 만남의 첫 단추이다
실패는 또 길이다

남녀 간 사랑도 좋다가 싫으면
그 반쪽 다 버리고 떠나듯이

인생은 한방이 아니다
인생은 태어날 때부터 정해져 있는 게 아니다

배움은 끝도 없고
노력은 성공의 어머니다

내 밥그릇 내가 만들어야 한다
인생은 태어날 때부터 남이 주는 게 아니다

내일이 오면

그대 고운 숨소리에
내 마음 흔들리오
깊은 잠에도 잠 못 이르는
달빛 밝은 밤이면

그대 달빛 하늘 고요히
내 더운 가슴 안아 주오
인간사 사랑은 마음속 마음으로 흐르고
세월사 길목 앞 강물은 또 강물은 흐르고

또다시 오는 시간에
흐르다 흐르다
우리의 인생도 불길 따라 허공에 묻고
언제나 새로운 안개가 이슬처럼 흐르오

인생이란 빈 몸으로 왔다
빈손으로 오가는
별님 많은 나그네 길이었거든
저 어둠도 님과 함께 오고 간 세월이었거든

산다는 건 아픔 많은 시련 앞에
오늘도 그렇게 흘러간다는 걸
내 더운 가슴 안아 주는 그대여
내일도 떨리는 내 손을 잡아주는 오 그대여

5.18 추모식

새 생명 잉태의 숲 안에
자연의 곡조 넘은
흰 나래 별꽃 피워 나빌외다

모진 욕설 희소식 국화꽃 봉오리
영창 넘은 그리운 숲 안에
님의 운석 이슬 창 떨어뜨려 옵니다

솔 나무 셋 별 가지 많은 손 그늘 안
긴 설움 밤 역사 살진 덕
한 많은 정 꽃마차 품 붙습니다

낙골 공원 앞 흰 양 떼 구름 흘러가고
맑은 빛과 향으로 수놓은 붉은 핏물 속에 핀 훈장
별 많은 수곡전사 허울 안 금수강산 땅 흔듭니다

저 서러운 발 길 머문 산 하늘 바라보다
먼 꽃잎 님 눈꺼풀 밤하늘 한 품고
핏빛 깃발 꿈틀거리는 낙심

별님 한가득 꿈 많은 바람 흔들다 간
흰 다홍치마 긴 파도 붉은 서리발 태극 숲 묻고
심놀 갈대의 목숨 새 나래의 국화꽃 휘장입니다

조국 땅 총 칼 십자탑에 오고 간 세월
내 사랑 별님 한가득 우주 꽃 당신
하늘 품 안고 서 있는 나의 얼굴들

흔적의 의미

남편이란 사람은 무엇인가
자식 앞에서 이혼이란 흔적 남기고
서로 불가능한 존재 아닌가

정보다 무서운 게 무엇인가
난 그 누구도 버릴 수 없다
나를 거치고 간 그 사연
혈통 모성 가질 수 없어 운다

그 반쪽 별 하나의 나의 아픔은 어디까지 인가
그 반쪽 별 하나의 나의 이별은 어디까지 인가
그 반쪽 별 하나의 나의 절망은 어디까지 인가

먼 산등성 끝 바라다 본다
시간은 어디론가 인생 열차를 타고
난 그저 어머니로 남아서 있다

열병 사랑

이십 대 꽃 같은 사랑도 잠깐
삼십 대 꿈 같은 사랑도 잠깐
사십 대 불 같은 사랑도 잠깐

잠을 못 이뤄 머리가 무겁다
현실 앞에 눈을 감고
침묵 앞에 머리 열병 치른다

뭘 해도 사랑 앞에서 고민만 늘고
인생역전 사는 게 뭔지
한숨에 온 머리통 찬 물수건 사 안고

내일이라는 날만 기다리다
오늘도 님 오시길 고대하는
내 괴로운 마음도 잠깐였음 좋겠다

겨울 장미

검붉은 가지 눈꽃 봉오리
가슴속에 차오른 사랑의 힘
식은 창 위에 마른 깃 떨어집니다

비 바람 없이 침묵이 잘 견디어
꿈이 익은 쪽 가슴
폭풍 속 태초의 빗소리 흘려옵니다

검붉은 머리 무딘 눈 섶 안고
따뜻한 바람 손 내밀며
맑은 햇살로 아침 맞아 봅니다

한잔 술

깊은 밤 골목 어둠은 고요하다
별 하나 빛나는 하늘 영상 속에

그리움은 정 많은 님의 등불 보며
오늘 밤도 야심 꽃 띄워 날려 본다

밤하늘 깊어 가고
눈살 찌푸리며 서 있다

수심에 잠겨 서성이다
울분은 참지 못하고 토해낸다

민들레 꽃

아시나요
예쁜 민들레 꽃
서글픈 마음
수명은 짧아요

보이나요
붉은 햇살 따사로운 미소
이름 모를 잊혀진 밤
여울진 별님은 아파요

버리나요
저 환하게 웃는 얼굴
한때의 행복한 삶
봄이 익은 쪽 가슴 사랑의 꽃이여 잘가요

대지의 아침

내일이 아니면 바라보지 말고
길이 아니면 걷지 말자

아침 이슬 반짝이며
화창한 하는 흰 구름이
손 내밀며 잡아주고 이끌어
그리움 많은 세상 안겨준다

마음의 중심

길이 아닌데 뭘 망설이는가
멈추면 비로소 보이는 시간 속에
지금껏 걸어 왔던 길
가는 사람 붙잡지 말자

어둠은 날 배신하는 현실일 뿐
오고 가는 세월 불심 안고
고독이 익은 가슴으로
멈추지 말고 흘러가자

수많은 별 따라가는 저 세월
이젠 비바람에 휘적거린 과거사
오늘도 등불 바라보며
불심 속 몸을 태울 뿐이다.

사랑의 종말

현실과 미래는
꿈이었나
너무 멀리 있나

애들 잠자리에
내 지친 그림자
가슴이 아프다

너와 나 우리 가족
다시 하나로 뭉치면
정말 좋을 텐데

먼~산 바라다보다
지나온 사연의 상념에
깊은 수렁 속을 헤맨다

외로운 마음만 타들어 가고
서성이는 그림자 먼 하늘만 바라보네

봄비 같은 인생

요즘 들어 이런저런
생각들이 많이 스쳐옵니다
우리의 삶이
저 봄비가 아닌가 봅니다

인간사 생로병사란
저 봄비처럼 내리고
언젠가
또 다른 나의 분신 태줄

먼 마른 땅 생존의 삶터에
그 검은 씨앗들이 새싹이 돕고
내 좌우명처럼
또 다시 꽃봉오리 피어납니다

봄 빗물처럼 하늘에
불같은 그리움은
우리의 삶 깊숙이
또 다시 고독은 오가고

영상 하나 사라져 가는
이 많은 상념 속
저 마른 가지 손끝
별 하나의 그림자 떠돌고 있어요

언저리에서

우리의 삶은 영원할 수 없습니다
바보처럼 헌신만 하다가
별 존재 없이 옛 추억 스쳐 보내지 마세요

아픈 사연에 우리는 다 버리고 갑니다
날 버리고 도망간 그 사람
얼어붙은 사연 긴 눈덩이 속에 녹여 버립니다

이젠 안심 속에 이별 인사를 합니다
처음부터 우린 혼자였노라고
찬바람이 펴 붙는 별 헤는 밤에

겨울밤 하늘 북두칠성 북극성
별 반짝이는 우주꽃 안고
또 다른 인연의 실 울타리 매듭지어 봅니다

3부
분꽃의 흔적

시월의 마지막 사랑

사랑의 단장 앞에
이별의 슬픔 미로가
저녁노을에 붉다

엽서 한 장 날아와
낙엽과 같이 묻혀
허무 속에 버려지고

불 붇는 밤 별빛 속에
피어나는 사랑의 사연
술 한 잔의 아늑함이다

내 마지막 영상
어디론가 허공에 묻고
찬바람 속으로 사라진다

통일문

오 저 북극성 별똥별 하나
신비롭게 안 떨어져요
옛날 사랑들은 별을 보고
길 방향을 찾고 했어요

오 저 붉게 타들어 간
별똥별 보며 소원을 빌어요
남과 북 아기 별똥별아
좀 더 느리게 떨어져다오

오 빙글빙글 도는
바람 찬 하늘 안은
꿈 많은 남과 북 아기 별똥별아
님 소원 가슴안에 이루어 다오

오 딱 한 번만 더 떨어져다오
또 다른 모험이 시작되게
반짝반짝 빛나는 남과 북 별똥별아
님 소원 가슴안에 딱 한 번만 더 이루어다오

분꽃의 흔적

꿈동산 앞에 붉은 꽃 걸린
가을 햇살 보자
가랑잎 가지 끝에
옥구슬로 담장진 그 미소 보자

한 많은 그리운
소망 한 가득 가슴에 담고
저 멀리 가신 님
얼룩진 영혼 그리움만 남았네

꽃물결 가득 담은 고여 빗물
통곡에 가슴 한가득 품고
옛 정사간에 그리움으로 맺힌 정
애초로운 마음 한자락 이별인가

먼 산등성 바라다 본 영혼
정든 품 하나 속으로 삼껴버린 님
눈 시린 그 빛과 그 향연
옛 정조안에 내 사랑 울부짖음이로다

가야금 통곡에 사랑 노랫말 흐려가고
노을 꽃 사연 숱하게 지우렴만
갈무리 끝에 묻힌 탄 가슴
햇살 맑은 영시의 넋이려나

가을 낙엽

눈 감으면 정에 겹던
애처롭고 삼삼했던 그 옛 모습
늦은 가을 영상 끝 정경 앞에
꿈을 담은 옛 노래의 추억 정겨워라

길 떠나는 낙엽송 맑은 물에
그리움 하나 나래 꽃 휘저으며
고이 즈려 밟고 가신 님
모든 풍파 가득 담은 님의 상 정겨워라

흙먼지 속에 강물 넘은 밤 산자락
우수수 시 한 구절 책갈피로 님 불러나 보고
저 솔솔 부는 바람 정든 님
깊은 물 구덩 우물 안 정겨워라

검은 상념 핏물로 퍼 붇고
그리움은 허허벌판 땅 흔들고
가로수 불꽃 타는 불구덩 심지 하나
벼랑이진 정사 님의 속 눈썹 정겨워라

한잔의 추억

별 하나마저 당신은 정이었나요
희망 하나마저 당신은 눈물이었나요
삶 하나마저 당신은 바람이었나요
그리움에 붉게 타버린 보고픈 사람
옛 사랑 따스한 바람 속 어디에 있나요

많은 기억 속에 가슴 시린 꿈 하나
장미의 꽃 향연 흔들고 간 첫 순정이
애타는 가슴 밤하늘의 별 바라보며
그 아름답던 소망 하나 그리워해봅니다

내 잊혀진 당신의 그 세월은 그 어디 쯤 있나요

새로운 인생

인생은 완벽이란 없다
인생은 뜨거운 홀로서기다
인생은 낚싯줄이다
인생은 강자와 약자의 힘 거르기다
인생은 남녀 간 사랑 관계이다

내가 누군지 알고 싶다
더 늦기 전에 날 알고 싶다
온기는 차단하고 냉기를 사로잡고
얼마나 더 서프라이즈한 삶을 살까
더 풍성한 미래를 향해 살아야 한다

내 마음 다스리면서 잡아야 한다
그 누군가를 위해 이겨야 한다
내 인생을 바꾸어 줄 사람이 필요하다
난 그 마음속으로 다시 걸어가야만 한다
이젠 희망찬 삶 바라보면서 살아야 한다

항상 기분 좋게 일을 해야 한다
비바람 속에 시작과 끝이 있는 삶
거센 파도 견디며 살아야 한다
내 인생 종착 역 향해서
새로운 주사위를 던져야만 한다

풍선

내 젊음의 시작은 저 하늘 위로
높이 날아오르는 별 꽃이어라

내 사랑의 시작은 저 하늘위로
높이 날아오르는 바람 창이어라

내 삶의 시작은 저 하늘 위로
높이 날아오르는 노랫말 멜로디이어라

내 하루의 일과는 저 하늘 위로
높이 날아오르는 꿈이어라

난 그 누구를 향해서 높이 날아오르나
내 중년은 저 하늘 위로 멀어져만 간다

사랑가

장미의 꽃 앞에
사랑을 밟고 간 그 사람

인생 반쪽 하나
정만 주고 떠나가 버린 그 사람

일 년 십년 바다 같은 삶
고향의 등섬 오고 간 그 사람

모든 삶 내어 준 풍요로운 뻘밭
그리움에 물이든 그 사람

들꽃향 한 가득 머리에 꽂고
내 사랑 즈려 밟고 간 그 사람

오늘도 그대 생각 속에 별만 바라보오
가신님 아픔만 주고 가면 어떻하나요

영~가고 나면 그만 인것을
이젠 내 눈물조차 말라가는구나

홍시

지조와 덕을 지닌
강물에 넘친

붉은 밀밭
외딴 낡은 기와집

햇살 속에 떨어질 듯
구름 속에 떨어질 듯

사랑 가득 주르륵
이별 가득 주르륵

밤 별 속에 익어 가는
밤이슬 속에 익어 가는

기쁨에 외진 시골집
슬픔에 외진 시골집.

태권도의 길

가도 가도
인생 끝자락도 골짜기

욕망은 자신의 의지와
꿈에서 찾는다 했다

울 막둥 강아지
조금만 더 열심 뛰어라

엄마도 열심 전진하마
날 얻는 성취감

시간이 지난 후 별들의
아픔 뒤에 오는 거란다

3품은 곳
내일을 향해 있다

꽃병 속 장미를 보며

내 외로움은 꽃병 속에 핀
빠알간 장미 한 송이
힘없는 목을 꺾어 별님도 없는
저 어두운 밤하늘 속에
금빛 은빛을 띄워 보네

꽃잎들은 강물 속에서 흐느끼고
이 광경 속 보여 준
꿈나라에서 일어나 보니
내 아득한 방 안에는
하얀 안갯속의 침묵 속에 핀
외로움에 지쳐 버린 고독의 여인

분노에 탄 마음은 이리저리 시달리며
온 방안을 헤맨다
창가 수심에 찬 맑은 햇살
삶의 여유를 더해만 가고
이 슬픈 가슴안에 날아드는
그리움에 지쳐 버린 검붉은 병든 여인

여전히 너의 눈동자는 견딜 수 없이 재촉한다
화려한 죄의식만 가슴속에 안기며
스스로 불길에 타버린 근심 속의 여인

그리움

비가 오는 날이면
그대가 그립다
창가에 커피 향으로 가득하고
나의 그리움은
창밖으로 스며들었다

언제쯤 만날 수 있을까
그대가 기다려질 만큼
그리운 고운 그림자

너와 다른 세상에 살면서
익숙해지려고 노력할수록
내 그리움은
더욱더 깊어만 간다

그대가 그립다
그대가 그리울수록 난 외롭지 않다
함께 할 사람이
아직 남아 있으니까

상사화

마음이 답답하다
밤하늘을 보니
그대가 보인다
나는 손을 내밀었다

벽이 막힌 창가에서
낙엽들이 허공을 타고
변하지 않은 것은
저 별 하나뿐

그대는 나의 앞에 있다
그대의 그리움 속에
이 몸 타 죽는다 해도
마음 풀릴 때까지 사랑했으면

나의 가슴 지그시 누르는 것들
아! 마음이 답답하다
그대를 찾아보아도
끝내 보이지 않는다

풀잎 사랑

우리의 사랑은 풀잎 사랑
홀로 된 외로움에 지쳐있고
지금 와서 날 반아 줄 수 있다면
언제까지나 마음속으로만 생각해 주세요

난 갈 길을 가야 했었고
어느 날 강물 속에 휘말려 두 볼을 젖시었다
멈출 수 없는 빗줄기 속을 홀로 외로이 거닐며
노오란 손수건을 흔들었다

나의 그리움 속에 아픔이 남아
꿈결 속에 영혼을 뿌리 옵니다
오늘도 우리의 사랑은 풀잎 사랑
금빛 은빛 연꽃으로 향긋이 피어나는
사랑하는 나의 임이여

이젠 당신의 옷깃을 휘청거리며
감싸 안아 봅니다
그리고 끝까지 당신의 이름 불러 봅니다
우리의 사랑은 은은한 달무리 속에서
고독히 피어나는 향긋한 풀잎 사랑

이젠 당신의 영혼을 불러 봅니다
오오~~끝내 대답이 없군요

노란 쓰레기 봉투

내 고왔던 숨결들이
이렇게 휴지가 되어
노란 봉투 속에 접혀 가고 있어요

내 쓸쓸했던 손길이
이제는 연필 한 자루 주워 잡아
외로이 시를 써 내려가고 있어요

이 구겨진 검은 상심들은
갈 곳 없이 헤매이는
저녁 별님이렵니다

내 남은 인생을 멋있게
장식해 줄 수 있는
작은 욕망 하나가 있었기에

진정으로 마음 곳곳
아파해 줄 수 있는
작은 보람 하나가 있었기에

앞으로도
애달픈 사연들로만
지그시 다가와 주는이여

동인의 방

등잔불이 있는 곳에
희망이 있고
꿈이 있는 곳에
길이 있다

아침 햇빛이 창문을 노크하니
밝은 빛으로 하루를 열었고
어둠이 오면 별과 달이 미소에 웃고
온기를 품고 꿈속의 임을 안아본다

물은 흐르고 험한 산 오름 끝에
기쁜 소식이 달려와 안기고
힘든 역경과 시련 끝에
좋은 결실을 바라본다

삶이 힘들수록
자신을 가지고 앞을 바라보자고
거울에 비친 현실을 직면하자

삶 저편

강물은 흘러 바다가 되고
인생은 흘러 삶이 되고

마음의 나침판이 없는 길 갈 수가 없고
꿈이 없음 내일의 희망 볼 수가 없고

현실은 미래의 거울 볼 수가 있고
오늘이 가면 내일은 다시 해가 뜨고

내 남은 강물은 빗물처럼 흘러 흘러
큰 바다 앞을 보고

내 아픔 많은 삶 자락 쪽진 이별 절벽 앞
큰 공든 탑 무너뜨리고

미래는 오늘의 소중한 꿈 많은 모험 속
별 많은 긴 강물 나의 세월이어라

냉정한 삶

왜 꿈보다 해몽이 더 좋아야 하나
왜 속보다 겉이 더 예뻐야 하나
왜 내 것보다 남의 것이 더 커 보이나
왜 내 떡보다 남의 떡이 더 맛있어 보이나

인간의 얼굴이 다 다르듯이
마음과 꿈도 다 다른 것인지
인간의 삶이 다 다르듯이
한울타리 존재도 다 다르다

불평하지 말고
망설이지도 말고
다시 거울 앞에서
나의 존재 받아드리자

붉은 가을이 가고
다시 눈보라 속 겨울이 오듯
난 끝이 보이지도 않은 길
그냥 오가듯 안고 가는 거다

이 길이 아픔 많은 강줄기 일지라도
이 길이 흔들림 많은 산자락 일지라도
난 널 포옹 하면서 받아 드릴뿐
오늘도 삶 앞에서 널 포옹 할 뿐이다

해바라기 사랑

바라만 보아도 가슴이
늘 기쁘고 좋은 사람

행복은 발자취 밑
눈 아래 가까이 있기에
그대 멀리서 찾지 마세요

그대 힘들고 아프고
외롭고 눈물 나고 화날 때
항상 곁에서 힘이 되어준 사람

오늘도 그대 삶 자락
가까이 마음속에 오가며
늘 기쁨 고맙고 감사해요

4부
별 많은 내 운명론

영원한 삶

사람이 죽음 그 영혼
달이 되고
별이 되고
바람이 되고
우주가 되고

내 사람이 죽음
먼 북녘에 해진 그리운 이슬 꽃이 피고
밤바다의 외로운 별꽃이 피고
님의 상념만 가득한 화등 꽃이 피고

저 대자연이 죽음
빛조차 없는 별천지 자화상 묻고
꽃물 가득한 잿빛향 금락천에 묻고
가로수 그늘 무광조리 눈보라 속에 묻고

꽃 사랑

저 어둠에 깔린 세월 속의 늪
그 길의 진리를 걸어가 봅니다

저 어둠 속 왜 알면 알수록
그 좋은 인상 그 기분 오래가지 못할까요

소주 한잔에 오늘도 벗 삼아
기쁨과 슬픔이 오가는 갖가지 인생사를 봅니다

한번 이 세상에 태어나
행복한 삶 살다 가지도 못하는 내 살진 삶 봅니다

밤이 또 오고 소주 한잔에 벗 삼아
눈물만 주르륵 항상 혼자라는게 외롭고 슬퍼져요

이 세상에 태어나 늘 행복한 삶이 아니더라도
내 반쪽 그 사람과 사람답게 살다가면 얼마나 좋을까요

정말 사랑받는 삶이 아니더라도
내 반쪽 그 사람과 한평생 살다 가면 얼마나 좋을까요

습작

피는 듯 다시 지는 인생이려니
하늘 담장 안은 검은 산머리
까마득한 날 온 초인은 있어
이 한파 홀로 아리랑 외로움 어이 있겠소

돌담에 속삭이는 많은 인생길
지는 듯 잉태의 터
별 하나의 천고의 마비
그 사랑 그 노래 무엇인가 하오

새 나래의 웃음꽃
산다는 건 해맑은 아침이었거든
난 나대로 소망 담고
비바람에 흔들리며 별 따라 살겠소

긴 폭풍 속에 쉬어 간
방랑 시인 임꺽정
별 하나 남기고 간
님 오시는 듯 다시 피는 눈망울 꽃

피는 듯 다시 지는 인생 이러니
님의 한파 고독할 게 없어라
검은 옷 하늘 닮은 삶
그 한파 속 무서울게 어이 있겠소

생사의 문

천상의 벽 이승과 지옥
오고 갈수도 없는
저 하늘 땅
내 그대 머문 발길은 오르는가

오고 가 보지도 못한 금락천
강과 산을 넘은
저 아픈 꿈 많은 저편
내 그대 머문 가슴은 오르는가

꿈에 부픈
유리벽 같은 등대진 사랑
저 하늘의 뜻속에 오고 간
내 그대 머문 수정 꽃은 오르는가

태우고 태워진 밤하늘 땅
신념 속에 다 태워진
저 꿈에 본 진주섬
내 연가시 이승문은 오르는가

파초

모진 세월 비가 오는 구나
계절이 지나 가는 별자리
꽃나비 벌 축제 빗물에 휩쓸려
봄이 지나가는 꿈 하나 아픔만 남아라

긴 소나기 퍼 붙고 산굽이 굳어라
코 노래의 열정 붉은 손 뻗은 그늘
다정한 연인 하늘 안은 환한 심장
비는 또 먹구름 속에 천둥을 몰고 뿌려라

삶은 생과 사 끝이 없는 하늘과 땅 이었거든
지구 반쪽 희망은 저 강물에 잊어라
옥 이슬 담은 함성 울분 이
오늘도 광야에 목 놓아 날 부르게 하노라

바람개비 사랑

흔적조차 없이
끊임없는 광음을
모든 바람에 날려보낸다

메아리 소동
옛 고름 연모했던 그 영혼
잊쳐저 가는 밤 널 기다린다

그대 등진 섬
멀리 떠도는 낙화암 사행 인
달빛 맑게 보인다

저 푸른 옛 정사 안은 꿈
한 줌 불꽃 상처로 남은
붉은 심장 불탄다

고독한 별 하나의 시 떨어뜨린
그대 긴 설움
내리는 침묵 이젠 내 사랑

밤 무지개 먹구름 넘어
흐트러진 절정
이젠 잠든 품 내 사랑

자화상

새 생명 잉태의 숲 안에
자연의 곡조 소리가
반짝이는 별꽃이라

희소식 무궁화 꽃봉오리
영창 넘은 그리움에
님의 이슬 창문 떨어뜨려 봅니다

소나무 가지 끝에
긴 설움 밤 역사 살진 넉
한 많은 정 꽃마차 품에 안습니다

낙골 공원 앞 낙엽송 흘러가고
맑은 빛과 향으로 수놓은 붉은 핏물 속에 핀 훈장
많은 수곡전사 허울만 금수강산 땅 흔듭니다

서러운 발길 머문 산 하늘 바라보다
먼 꽃잎 님 눈꺼풀 밤하늘 이슬 한 품고
보라빛 깃발 꿈틀거리는 산 넘은 낙심

별님 한가득 꿈 많은 바람 흔들다 간
흰 파도 붉은 서릿발 마른 꽃은 피고
갈대의 목숨 새 나래의 무궁 꽃 묻습니다

조국의 땅에 핀 깃발 십자 탑에
내 사랑 별님 한가득 우주에 꽃에 당신
반쪽 하늘 안고 서 있는 내 얼굴은

별 많은 내 운명론

제1의 삶은
온 정기 들어 마신 사계절 풀꽃처럼 살고 파요

제2의 현실은
청명한 하늘 푸른 산천 흐르는 물처럼 살고 파요

제3의 내일은
꿈 많은 저 세월 바라다보며 붉은 해처럼 살고 파요

제4의 미래는
어둠 속에 핀 불꽃 복 받친 별처럼 살고 파요

만추

사랑하는 그대여 그 손길
안녕 속에 그림자로 머물지 마오

어진 놀 사연 영시의 이별 속에
외로운 꿈마저 불씨로 타오르지 마오

잿빛 하늘 흙먼지 허공 속에 묻고
별 하나의 벗 오오~그대여

봄 여름 가을 겨울이 가고 다시 봄이 오면
길가에 버려진 밤하늘 서릿발로 뿌리지 마오

내 심장 같은 붉은 장미 한 송이
그대 가슴에 밤별처럼 회상 빛 영혼 반짝이지 마오

오늘도 내일도 별님 한가득 사라져 가는 내 사랑
이젠 그대 머문 영혼과 휴식 감싸안아 보지도 마오

숲 안에

하늘 속에 뭐가 그려지는가
삶자란 별 무게의 사랑이 있다

비 바람에 뭐가 그려지는가
세월을 노 젓는 영혼 전선줄이다

먹구름 속에 뭐가 그려지는가
내일을 향해 밤바다는 울고 있다

눈보라 속에 뭐가 그려지는가
또 다른 황혼의 사랑이 날 기다리고 있다

내일에 뭐가 그려지는가
자화상처럼 모든 근심 걱정 손 뻗는 숲이 있다

가을 낙엽

가을은 참 슬픈 계절이라 할까요
온 갈무리 속에 떠나는 그 사람

사랑과 이별 또한 그러하지 않을까 해요
찬바람 머문 추억 속 깊은 그 자리

물보라 속 잿빛 속옷을 입은
황금물결 가득한 그 휴식처

난 그대의 가슴에 소망 가득
갈대의 넋 손 뻗고 있어요

가을은 참 이름 모를 계절이라고 할까요
온 시련과 상처 속에 계절 따라 떠나는 늦사랑

만남과 헤어짐도 또한 그러하지 않을까 해요
찬바람 머문 붉은 낙엽 따라가신 님

오오 허무 그날 밤
생로병사 낙엽따라 가신 님 그리움 속에 보냅니다

왕따 홈키파

쭈꾸미처럼 튀어나온 입술로
몸의 피를 훔치는
얼빠진 모기

허기진 배 채우러 다
손바닥 안에 잡혀
뼈도 못 치르고 송장 치르네

천대받고 눈시울 흘겨보던
모진 욕설로 날 보며 빌고 있는
멸시받은 열병 난 모기

졸졸 샘솟는 혈관에 앉아
기생충들과 뒤섞어
산고의 고통 숨통 목 조르고 있네

이젠 저 모기들과 뒤섞어 싸워 이겨보리라
내가 받은 고통의 10배 20배는
더 값지게 갚어 줄 때가 왔다

이젠 두 번 다시는 그대들에게
내 붉은 양식을 주지 않겠다
쉽게 널 가져 주마!! 쉽게 널 녹여주마!!

신호

십자선 불 속에
타들어 가는
이 많은 생사 길
오늘도 어디론가 간다

저 바쁜 시선들은
발걸음 재촉하며
또 한 걸음
로망의 손 잡는다

검붉은 산
이별사 많은 사연들은
목적 달성을 향해
어둠의 길 나선다

4차선 길목
백미라 손 뻗은
그대 그리움 속에
불 꺼진 창 드려다본다

촛불 언약식

내 우정어린 슬픈 눈망울들이
나의 작은 마음속에 고여둔다

작은 소망 하나 볼 피우며
정적의 빗줄기로 한없이 내리는 밤

내 어둠만이 정적을 홀로 남기며
한없는 슬픔에 갈 곳 없이 헤매는 밤

오늘 밤도 싱그럽게 널 펼치며
하얗게 스며드는 이 따사로운 감촉

일

일을 하고 있을 때에는
변해가는 내 모습
하는 일에 신경을 많이 쓰는 편은 아니지만
앞으로의 만사가 변해가는
멋있게 생활하고 있는 내 모습
하면은 안되는 게 뭐가 있어
하기 싫은 일들도
혼자 헤쳐가면서라도 하면 되지
현 생활에 적응해 나가기가
맘먹기 달렸어
오직 참고 성질 죽이고
항상 바보가 돼가며 살 꺼야
당장 닥친 나의 문제들은
어떻게 할 방법은 없지만
항상 웃으면서 최선을 다하는
정직한 내 모습을 보여 줄 꺼야

땀

쉬지 않고 흘러내리는
땀과의 쾌적함
바쁘게 생활하다 보면은
하루가 한달이니 일 년 같은 생활
힘들고 배고프고 춥고
더욱더 더운 날씨
정말로 빈 시간도 없이
힘들 기만한 생활
밥 한번 먹으려면
몇 번씩 쥐 잡는 운동
낙이란 하루도 없는 지친 모습
그리고 화장실 갈 때 만 빈틈을 보인다
그래도 후회는 없다
멋진 일류가 된다는 생각 하나로
청말 멋쟁이 그 무엇이 되기까지의 과정은
참고 또 참는 거다

회식

오늘 밤은 고생 끝에
찾아온 회식 공간
정말로 한 달에 한번 할까 하는
공간이다
저녁 식사를 마치고
이런저런 실수를 생각해 본다
한 직원과의 다툼
이 일로 인해 기분이 영 안 좋다
지금은 너무나 허약해져서
몸이 말을 안 들 때에
사고 치지 않았나 할 때가 있다
앞으로 후회 없이
잘 견뎌 나가기 위해서 참는 거다
마음이 힘들 때일수록
정을 주고 받으면서
풀 수 있는 사람이 있다면
맥주 한잔이라도 주고 받으면서
보내고 싶은 친구라도 있다면은

임무

너무나 바쁜 오늘 하루였다
손님을 보면 무조건 미소
나의 임무가 있으면 화장실에서 하고
일을 하고 있을 때쯤은
서로 눈치작전
몇 번이고 그만두고 싶은 충동
이 생활들이 넘 힘들지만
그래도 땀 흘린 보람을 느낀다
정 직원들과 정도 들어가면서
재미있게 보내야 할 텐데
앞으로 일과를 생각하면은
쾌적하기만 한 내일들
끼니도 제시간 때에 못 먹어 가면서
조금도 여유 시간이 없지만
올빼미 생활이 정말로 힘겨운
나의 하루의 임무들

흰 봉투

뜨거운 햇볕은 머리를 쪼갤 것 같고
등줄기는 구슬 같은 땀방울이 흐르고
드디어 1시간만 있으면
그 무거운 무장을 벗고 앞으로 전진
그늘이래도 찾아 볼 수 있는
이제는 막 다른 골목 터
백 가방을 들고 집으로 나서는
이 마음은 왜 그리 좋은지
땀으로 극복한 의욕을 느끼며
흐뭇하기만 한 내 마음은
아쉬운 작별 인사를 나누며
몸 건강하라는 말 한마디를 전한다
현 생활에 충실하라면서
눈물겨운 흰 봉투 하나
고운 정 미운 정 다 들어왔는데
이별이야 역시 호감 소리와 함께 비상~
밤 창가엔 지겨울 정도로 더위와의 전쟁터다
정말로 고생한 보람을 느끼며
그런대로 하루를 보내면서 지내 온
나의 임무들

역사의 진보

그 누군가 말했다
사랑은 필요해서 보는 게 아니라
사랑해서 보는 거라고

그 누군가 말했다
생각이 바뀌면
인생도 바뀐다고

그 누군가 말했다
가장 높이 나는 새가
가장 멀리 본다고

그 누군가 말했다
사는 게 뭔지
열심히 사라 본 사람이 안다고

그 누군가 말했다
잘 살고 못 사는 건
마음가짐에 있다고

5부
추억 만들기

연줄

생명이란 연약한 끈이었습니다
연실처럼 끊어질 듯
죽은 자는 말이 없습니다
저 어둠에 별꽃 무리처럼
멜로디에 무궁화 꽃이 피었습니다

저 모든 공포심 앞에 사로잡습니다
온 대지의 정열 속에 묻힌
밤바다의 별무리 지상천 봅니다
내 시린 꿈도 붉은 가시 연줄에 메달어
긴 세월의 목줄 잡아당겨 봅니다

겨울이 가고
다시 불 붙는 봄여름 가을이 옵니다
저 심장 같은 붉은 무궁화 꽃 한 송이
내 가슴속에 별처럼 청실홍실
영혼 하나 둘 연줄 묶어 봅니다

불탄 밤 별 무리 속에
내 사라져 가는 그리운 님
휴식 같은 영시의 이별
오늘 밤도 그대 머문 그 자리
볼 수 없어 가슴은 태워봅니다

발걸음

막연한 추억의 발길
다시 뒤돌아보며 걸어가 봅니다
별 하나의 외로운 향기마저
하늘로 날아 오릅니다

잠시 왔다가
긴 그림자처럼 사라져가는
등진 해 마음 한 자락
온 대지의 정열에 침묵이 떨어집니다

내 기억 포근히 안긴
많은 그 무엇 하나
온 자정 넘은 시련 앞 사연
이별 꽃잎이 날아 오릅니다

굳은 섬 등진 영혼 하나
그 흔들린 우정
가슴 강물처럼 펴 붇고
별 많은 쪽진 사랑 안아 봅니다

운석 같은 바위섬 돌
열등심에 무너뜨리고
꽃술 창 넘어 붙은 등진 발걸음
또 다른 희망 나래 꽃 펼쳐봅니다

소주 생각

허기진 입 어찌하리오
먹고 싶어도 참아야 하고
소주 한잔으로 배째오

이 세상 먹는 일 말고
즐거움 어디 있겠소
이 왕 먹고 볼 일 아니겠소

건들지 마오
삼겹살에 소주 한잔 두잔
분위기 죽여 줘요

허기진 입
먹고 싶어도 참아야 하고
입방정 어찌하리오

한세상

인명은 재천
당신 목숨도 한세상
꿈 많은 내 삶도 한세상

한번 왔다 가는 인생
무슨 근심 걱정들이
밤 별 처럼 이리 많으신가요

인생은 한방
돈 욕심도 한방
낙 없는 삶도 한방

ㅎ 이래도 한세상
ㅎ 저래도 한세상
죽지 못해 사는 인생

본능

한 살 어린 연하 남정
잘생긴 얼굴에 꽃미남이래
속 알 딱지 없는 무우 총각
국물도 없는 총각이래

여자 알길 다 그런 거지
남자의 큰 허물 돌보듯
속 양파 껍질 하나 둘 벗김
여자들 심정 잘 알겠지

속사정이 깊은
푸른 열무냉이 총각이래
몸 하나 맘 하나 따로국밥
구석진 속빈 정사 어찌하리오

온종일 푸른 핏줄 세우고
큰 안방 사무실 독차지하듯
잠꼬대로 꽃 방울 터뜨리고
무우 도사 멈출 수 없구나

여름

한발 두발 다가서면
지그시 멀어지는 내 사랑아
추억으로 묻어 버리기엔
너무나 긴 강물 넘어선 내 사랑아

그 사랑했던 흔적들만 가슴에 안고
오늘처럼 그대 고운 발길
먼 시간과의 타임 언저리 속에 지세운
그대 고운 파릇한 별님 봅니다

여름 빗물 속 시련앞 절규
이젠 흩어져 내리는 비바람 속에
발길 머문 그 흔적 그리움만 빗물로 남아
파릇한 꿈 많은 가지 손 뻗습니다

추억의 밤 파릇한 뿌리 깊은 생사 길
그 많던 별 많은 사랑 다 어디론가 허공에 묻고
먼 시간과의 빗물 속에 온 시련과 상처 등등
손을 뻗는 또 다른 저 낙조의 타임 봅니다

홀로서기

내 그대를 사랑한다는 건
아름다운 이별입니다
그리움 메아리 창에
소낙비처럼 울려 퍼지고 있습니다

저 맑고 환한 창공에 울림
순결한 고독 안아봅니다
이젠 목이 메어 휘청거리며
하나의 별만 바라봅니다

반쪽 닫힌 문 사이 사연 속에
사랑은 떠도는 그림자 마냥
한맺힌 이슬방울과 같이 사라지며
하나의 긴 그림자였습니다

별 하나의 행복한 그 무엇 하나
별 하나의 소망찬 그 무엇 하나
내 희망의 끈 잡아
온 곡조의 노래 감싸안아 봅니다

추억 만들기

은빛 금빛 물결
해 머문 사진 첩
한날 너와 나
한 분신이 아니였나

곱단히 찍힌
분꽃 사연
애처롭게 달빛 물 든
저 가로수

날 저무는
먼 청춘 사
내 웃음 꽃 떨어뜨린
밤 익은 가슴

말바우 장

온 잡 동산 몸과 마음을 실은
이름 모를 버스 한대 기다리고 있다

버스를 타고
두암 말바우 시장을 나선다

무지개 사연 속에 묻혀
사차선 행단보도 길목 지난다

내 그리움도 빗물에 젖어
한없이 달리고 있다

버스 내려서
또 다른 많은 사람들에게 몸과 마음을 섞는다

난 망설임 속에
이것저것 갖가지 장을 본다

가는 길

어두운 밤 별님과 달님은
내 마음 같을까

바람 한 점 없는 저 불빛 속에
마음이 오고 간다

삶의 길 묻고
열심히 달리는 저 신호

목적지 어디론가 발버둥 치며
방향전환에 오 간다

뿌리 깊은 심장 하나
어둠속에 날 본다

고향 생각

고요만이 잠든 밤 창가에
영상처럼 옛 생각 스쳐 간다

살며시 피어나는 안개
그리움이 머문 강

상념 깊은 영시의 이별
불빛 웃음 꽃 휘어잡는다

잔잔한 음악 소리에
엄마의 품 젖가슴 떠올리며

새하얀 눈물 젖은 밤
창밖에 별똥별 떨어진다

인생 사냥

인생은 나그넷길

빈손으로 왔다가 빈손으로 가는 것

강물은 불빛 따라 흘러가는 것

내 인생도 낮과 밤 함께
오늘도 그렇게 흘러가는구나

성공

겁내지 말자
앞으로 가지 못할 것 뭐가 있어
하면 된다

완벽이란 공간에서
더 강한 자신을 향해 나가자

내 행동과 자신감 있는 곳에
행복이 있고 사랑이 있다.

불 꺼진 담배

담뱃불 심지에 타들어 가는
연기 속에 무슨 그리 사연이 많나

밤은 불꽃으로 가득하고
불심 속에 난 그 무엇도 아니다

긴 생명 하나
죄인으로 지옥 불 밟는다

과거사 눈물 많았던 세월
눈 섶 길게 늘어뜨린 여명의 눈동자

오늘도 불 꺼진 창 드리우며
난 담배 불심 속에 하루를 더 태울 뿐이다

방황

어둠 속 별님과 달님은
내 마음을 알까

바람 한 점 없는 저 불심 속에
마음이 오고 간다

삶의 길 묻고
열심히 달리는 저 신호

목적지 어디론가 발등치며
방향전환에 오간다

뿌리 깊은 밤
어둠 속에 날 봅니다

병마 읽기(A형 독감)

병든 가슴 움켜쥔 채
잎새 맑은 나뭇잎은 떨어진다

삶의 길 묻고 열심히 달려온
이 많은 햇빛 촌 내일 앞에

허탕 짚은 몸 등 하나요
한치 뒤 세상 길이었나

하늘의 뜻 품고 오고 간 세월
아련한 꿈길 이어라

뿌리 깊은 심장 하나
오늘도 땅끝에 피 토해낸다

담양 생태 공원

물보라 속에 뿌린 향 나루
한날 너와 나 한 몸이 아니였나

불꽃 떨어진 노을과 돌담
애처롭게 달빛 물든 저 가로수

꿈 많은 푸른 솔가지 위엔
고독한 수심 사랑 꽃피우고

웃음 꽃 떨어뜨린 밤 익은 가슴
금빛 물결 흐트러지는 종소리

수많은 별의 정적 속에
한날 너와 나 한 몸이 아니었나

사과나무

여름철 풍파 끝에
가을 하늘 결실로 익는다

이별과 상처 그리움에
붉은 탐식과 능금 머문 달빛

한 인생의 시련과 열매로 맺은 밭
정든 몸은 딴다

밤 익은 붉은 청춘사
보듬어 온 꿈 많은 당신

햇볕에 사랑의 힘 모아
자연의 숲 정든 꽃을 먹는다

노란리본

주의 은총 안에 감사 안아봅니다
땅 샘터 삶 놓고
하늘의 노란 줄 붙들어 매고
금빛 향 물결 속에 돌아누운
모진 향 시련 풍파 넘은
제빛 꽃 하늘 붙들어 봅니다

주의 구원 안에서 감사 안아봅니다
하늘로 왔다 하늘로 돌아누운
팽목항 살진 넋 붙들어 보면서
얼어붙은 영혼 끌어안고
소생 길 끊어진 익사체를 봅니다

주의 믿음 안에 감사 안아봅니다
가슴 시린 꽃 노란 깃발 매듭지고
그리운 창살 안에 갇혀 못 나온
모정의 탯줄 초심 꿈 한 자락
많은 삶 붙들어 매듭지어봅니다

주의 품 둥지 안에 감사 안아봅니다
추모의 리본 섬
하늘 별빛 눈물 보듬어 가다듬고
내 고향 파도 늪 휩쓸린 환희의 생
하늘나라 희망 안에 국화꽃 물결 피워봅니다

중심

경제적 의식
자신보다 낮은 층에 있는 사람들을 보면서
마음의 빈곤을 찾고

상대적 의식
나보다 더 높은 곳에 있는 그 사람을 보면서
마음의 빈곤을 잡자